AF220438

Impressum
Verlag: BABADADA GmbH, Nedderfeld 112 , 22529 Hamburg
Geschäftsführer / Verlagsleitung: Harald Hof
Druck: Books on Demand GmbH, In de Tarpen 42, 22848 Norderstedt

Imprint
Publisher: BABADADA GmbH, Nedderfeld 112 , 22529 Hamburg, Germany
Managing Director / Publishing direction: Harald Hof
Print: Books on Demand GmbH, In de Tarpen 42, 22848 Norderstedt

shule

școală

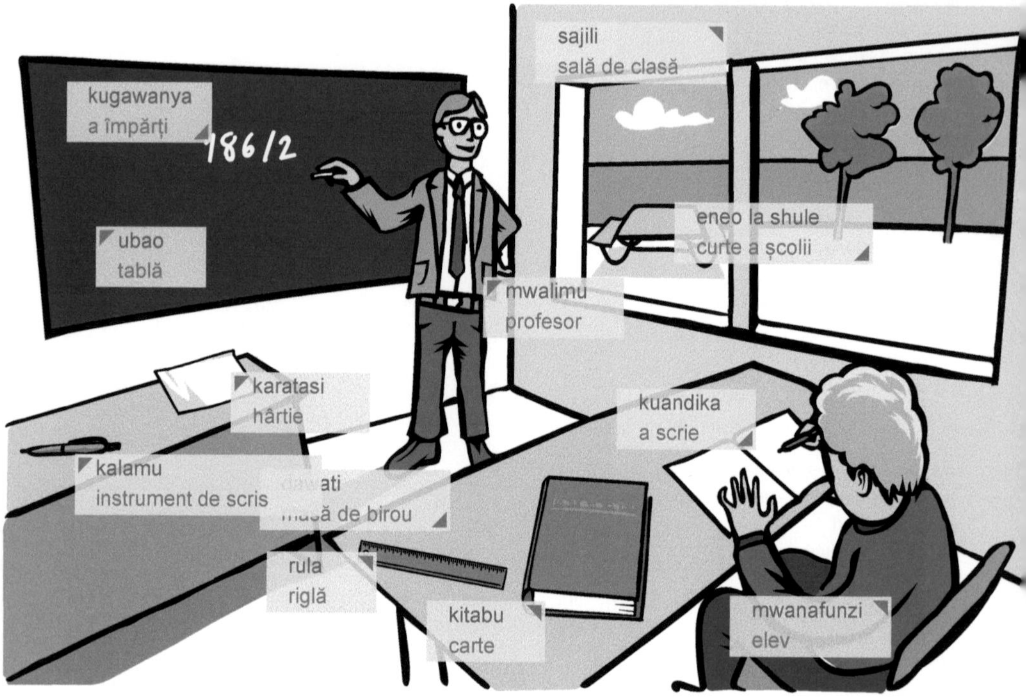

sajili
sală de clasă
kugawanya
a împărți
186/2
ubao
tablă
eneo la shule
curte a școlii
mwalimu
profesor
karatasi
hârtie
kuandika
a scrie
kalamu
instrument de scris
dawati
masă de birou
rula
riglă
kitabu
carte
mwanafunzi
elev

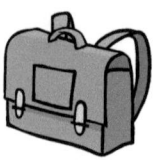

mkoba

ghiozdan

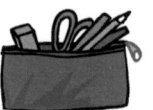

kikasha cha penseli

penar

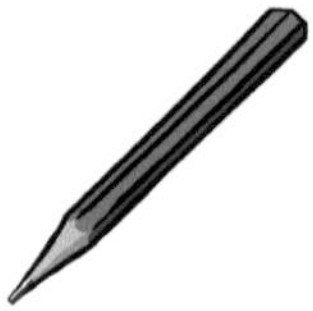

penseli

creion

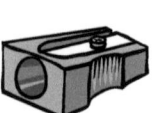

kichonga penseli

ascuțitoare

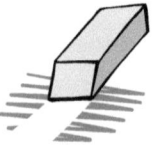

mpira

radieră

pedi ya kuchora

bloc de desen

uchoraji

desen

brashi ya rangi

pensulă

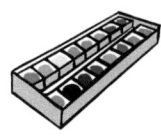

sanduku la rangi

cutie de acuarele

mkasi

foarfece

gundi

lipici

daftari

caiet de exerciţii

kazi ya nyumbani

temă

nambari

numǎr

jumlisha

a aduna

ondoa

a scădea

zidisha

a multiplica

kokotoa

a calcula

barua

literă

alfabeti

alfabet

hello

neno

cuvânt

shule - şcoală

3

maandishi

text

kusoma

a citi

chaki

cretă

somo

oră

sajili

catalog

uchunguzi

examen

cheti

certificat

sare za shule

uniformă școlară

elimu

educație

elezo

enciclopedie

chuo kikuu

universitate

darubini

microscop

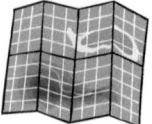

ramani

hartă

kikapu cha kuweka karatasi chafu

coș de gunoi

usafiri
călătorie

hoteli
hotel
Grand
hosteli
hostel
ROOMS
EXCHANGE
ofisi ya ubadilishanaji
casă de schimb valutar
sanduku
valiză
gari
autovehicul

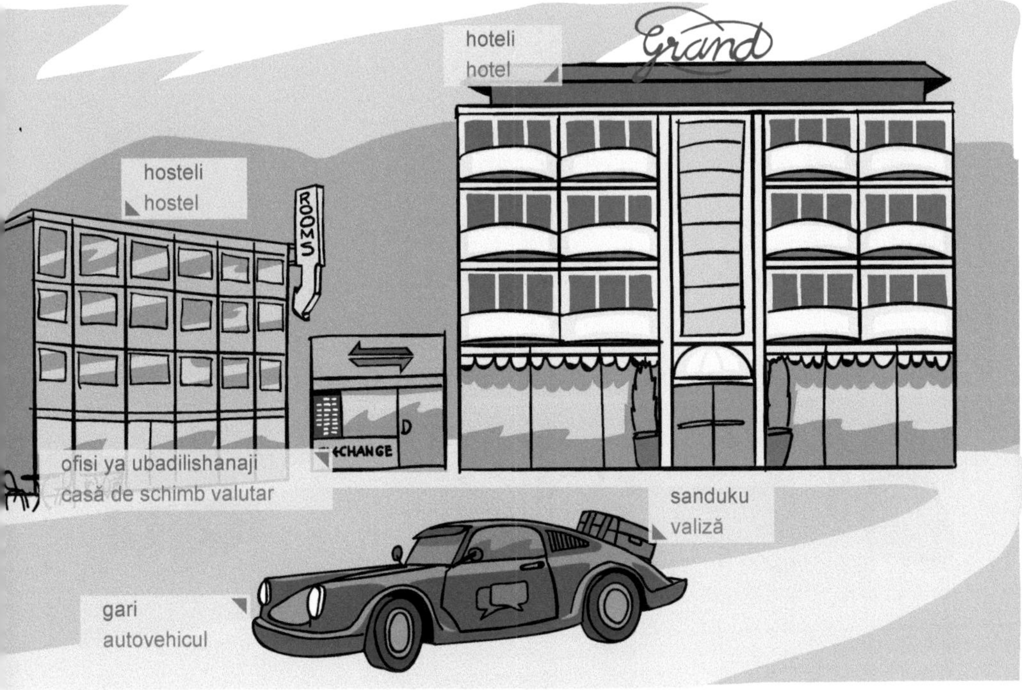

lugha

limbă

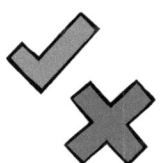

ndiyo / la

da/nu

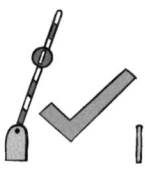

sawa

okay

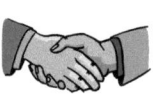

hujambo

Bună!

mtafsiri

interpret

Asante

mulțumesc

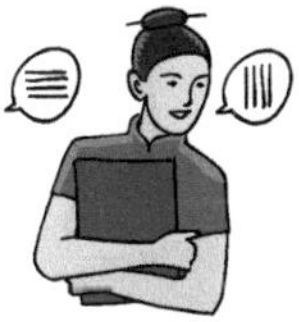

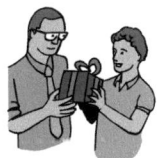

kiasi gani ni ...?

Cât costă...?

Sielewi

Nu înțeleg

tatizo

problemă

Jioni njema!

Bună seara!

Habari za asubuhi!

Bună dimineața!

Usiku mwema!

Noapte bună!

kwa heri

la revedere

mwelekeo

direcție

mizigo

bagaj

mfuko

geantă

shanta

rucsac

mgeni

oaspete

chumba

cameră

begi la kulalia

sac de dormit

hema

cort

taarifa ya utalii

punct de informare turistică

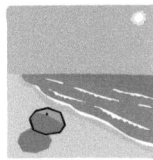

ufuo

plajă

kadi

carte de credit

kifunguakinywa

mic dejun

chakula cha mchana

masa de prânz

chakula cha jioni

cină

tiketi

bilet de călătorie

kuinua

lift

muhuri

timbru poștal

mpaka

graniță

mila

vamă

ubalozi

ambasadă

visa

viză

pasipoti

pașaport

usafiri
transport

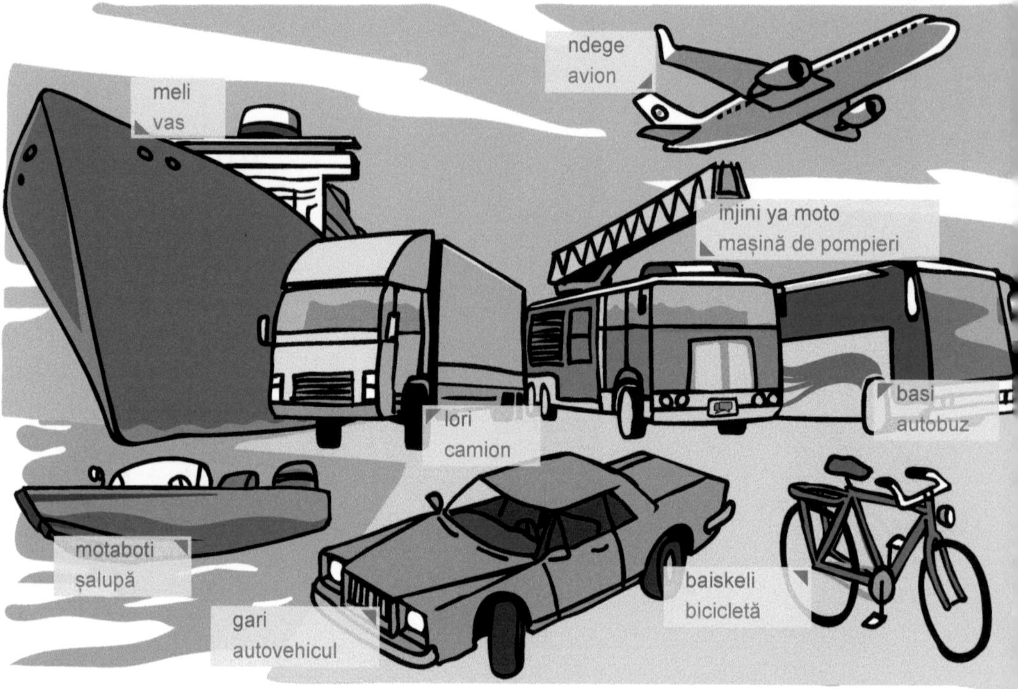

ndege
avion
meli
vas
injini ya moto
mașină de pompieri
basi
autobuz
lori
camion
motaboti
șalupă
baiskeli
bicicletă
gari
autovehicul

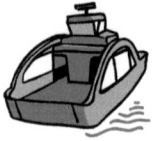

feri

feribot

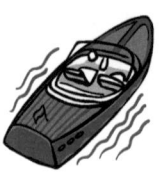

mashua

barcă

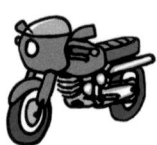

pikipiki

motocicletă

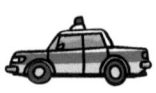

gari la polisi

mașină de poliție

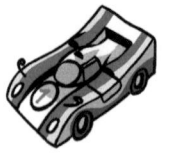

gari la mashindano

mașină de curse

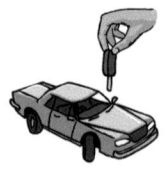

gari la kukodisha

mașină închiriată

kushiriki gari

car sharing

lori la kuvuta

mașină de tractat

ukusanyaji taka

mașină de gunoi

motor

motor

mafuta

combustibil

kituo cha mafuta

benzinărie

ishara trafiki

semn de circulație

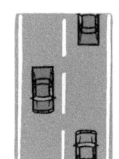

trafiki

trafic

msongamano

ambuteiaj

maegesho

parcare

kituo cha treni

gară

reli

șine

garimoshi

tren

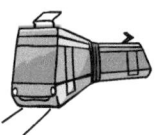

tremu

tramvai

gari la mizigo

vagon

helikopta

elicopter

uwanja wa ndege

aeroport

mnara

turn

abiria

pasager

chombo

container

katoni

carton

mkokoteni

căruţă

kikapu

coş

ondoka

a decola/a ateriza

jiji

oraş

kijiji

sat

katikati ya jiji

centru

nyumba

casă

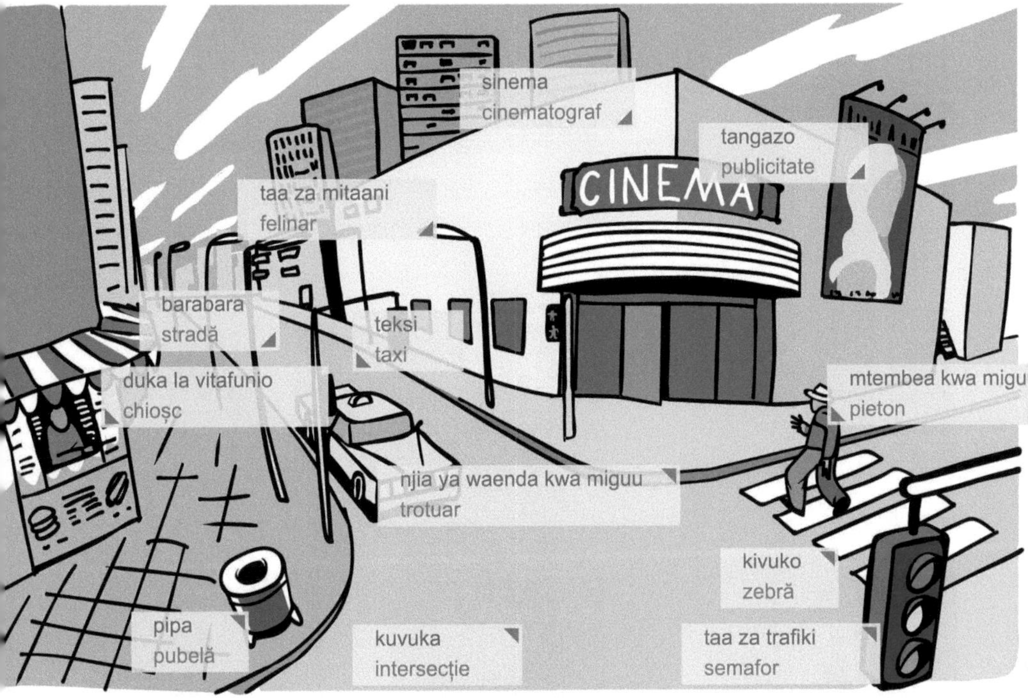
sinema
cinematograf
tangazo
publicitate
taa za mitaani
felinar
barabara
stradă
teksi
taxi
duka la vitafunio
chioșc
mtembea kwa migu
pieton
njia ya waenda kwa miguu
trotuar
kivuko
zebră
pipa
pubelă
kuvuka
intersecție
taa za trafiki
semafor

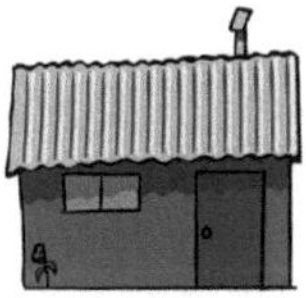

kibanda

cabană

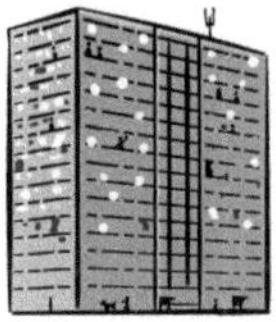

gorofa

apartament

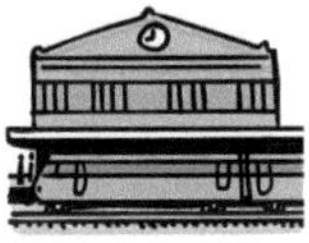

kituo cha treni

gară

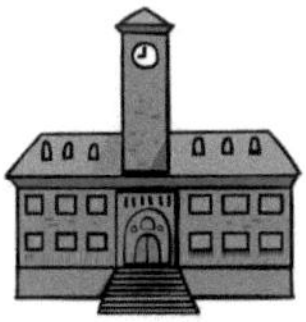

ukumbi wa mji

primărie

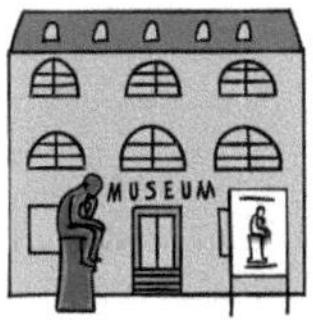

Makavazi

muzeu

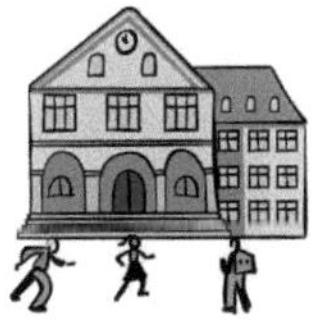

shule

școală

chuo kikuu

universitate

benki

bancă

hospitali

spital

hoteli

hotel

duka la dawa

farmacie

ofisi

birou

duka la kitabu

librărie

duka

magazin

duka la maua

florărie

dukakuu

supermarket

soko

piață

idara ya kuhifadhi

magazin universal

mwuza samaki

comerciant de pește

kituo cha ununuzi

centru comercial

bandari

port

Hifadhi

parc

benki

bancă

daraja

pod

vidato

trepte

chini ya ardhi

metrou

handaki

tunel

kituo cha mabasi

stație de autobuz

bar

bar

mgahawa

restaurant

sanduku la posta

cutie poștală

ishara ya barabara

tăbliță indicatoare cu
numele străzii

mita ya maegesho

parcometru

bustani ya wanyama

grădină zoologică

kidimbwi cha kuogelea

piscină

msikiti

moschee

shamba

gospodărie țărănească

uchafuzi

poluare

makaburini

cimitir

kanisa

biserică

uwanja wa michezo

loc de joacă

hekalu

templu

mazingira
peisaj

jani
frunză

ishara ya mwelekeo
indicator

njia
drum

malisho
pajiște

jiwe
piatră

mti
copac

mtembeaji wa masafa
drumeț

mto
râu

nyasi
iarbă

ua
floare

bonde

vale

kilima

deal

ziwa

lac

msitu

pădure

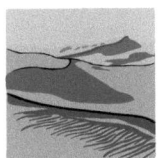

jangwa

deșert

volkano

vulcan

ngome

castel

upinde wa mvua

curcubeu

uyoga

ciupercă

mtende

palmier

mbu

țânțar

kuruka

muscă

chungu

furnică

nyuki

albină

buibui

păianjen

mende

gândac

chura

broască

kuchakuro

veveriță

nungunungu

arici

sungura

iepure

bundi

bufniță

ndege

pasăre

swan

lebădă

nguruwe mwitu

porc mistreț

kulungu

cerb

aina ya kongoni

elan

bwawa

dig

tabo ya upepo

turbină eoliană

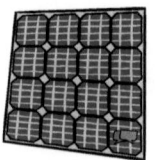

nishaji ya jua

panou solar

hali ya hewa

climă

mgahawa
restaurant

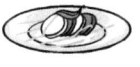

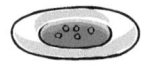

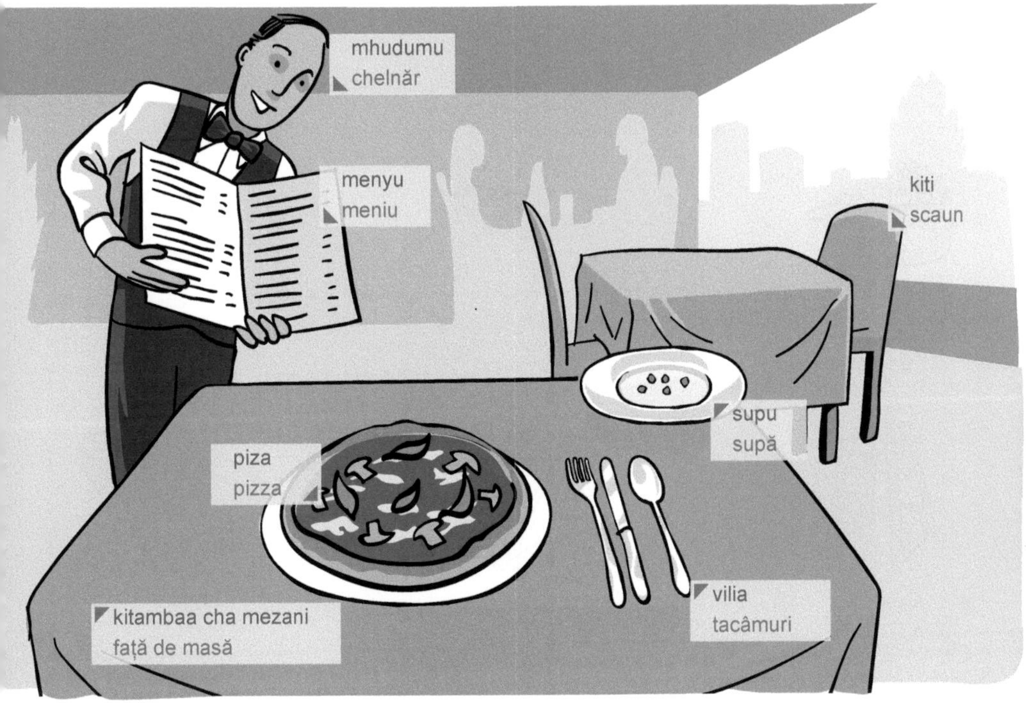
mhudumu
chelnăr
menyu
meniu
kiti
scaun
supu
supă
piza
pizza
vilia
tacâmuri
kitambaa cha mezani
față de masă

kiamsha hamu

antreu

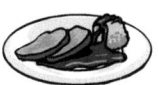

kozi kuu

fel principal

kitindamlo

desert

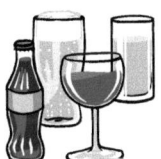

vinywaji

băuturi

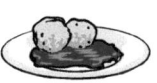

chakula

mâncare

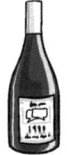

chupa

sticlă

chakula cha haraka

fastfood

Streetfood

streetfood

buli

ceainic

kisanduku cha sukari

zaharniță

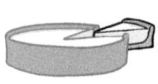

sehemu

porție

mashine ya espresso

espressor

kiti kirefu

scaun înalt (pentru copii)

muswada

factură

trei

tavă

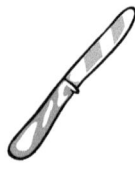

kisu

cuțit

uma

furculiță

kijiko

lingură

kijiko cha chai

linguriță

nepi

șervețel

glasi

pahar

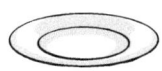

sahani

farfurie

sahani ya supu

farfurie de supă

sufuria

farfurie

mchuzi

sos

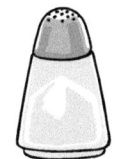

kichanyaji chumvi

solniță

kinu cha pilipili

râșniță de piper

siki

oțet

mafuta

ulei

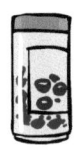

viungo

condimente

kechapu

ketchup

haradali

muștar

kachumbari nzito

maioneză

dukakuu

supermarket

ofa maalum
ofertă
FOR
mteja
client
maziwa
produse lactate
matunda
fructe
toroli
cărucior de cumpărături

BUTCHERS

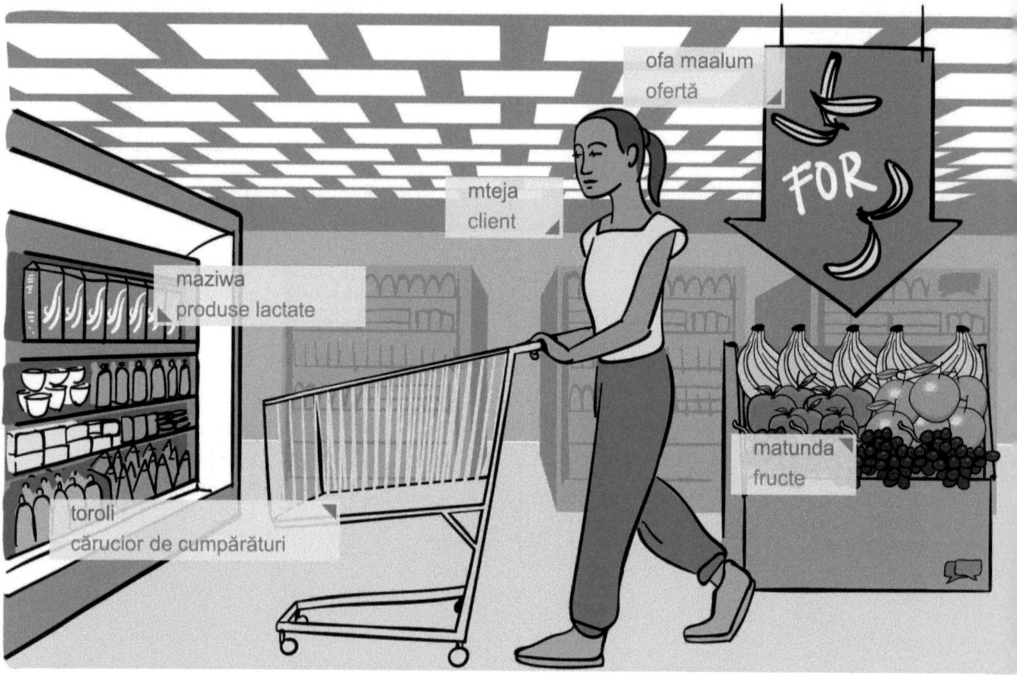

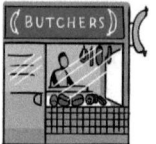

mchinjaji

măcelărie

BAKERY

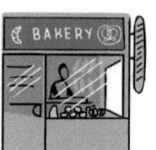

mwokaji

brutărie

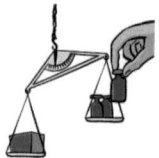

uzito

a cântări

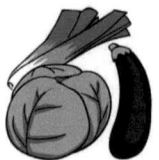

mboga

legume

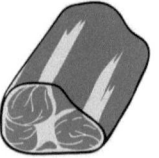

nyama

carne

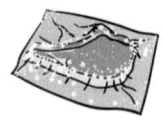

chakula waliohifadhiwa

alimente refrigerate

vipande vya nyama baridi

ezeluri și brânzeturi feliate

chakula cha kopo

conserve

sabuni ya unga

detergent

pipi

dulciuri

bidhaa za kaya

articole de menaj

bidhaa za kusafisha

produse de curățenie

mtu mauzo

vânzătoare

mpaka

casă

keshia

casier

orodha ya manunuzi

listă de cumpărături

masaa ya ufunguzi

orar

mkoba

portmoneu

kadi

carte de credit

mfuko

geantă

mfuko wa plastiki

pungă de plastic

maji

apă

sharubati

suc

maziwa

lapte

coke

cola

mvinyo

vin

bia

bere

pombe

alcool

kakao

cacao

chai

ceai

kahawa

cafea

spreso

espresso

kapuchino

cappucino

ndizi

banane

tufaha

măr

machungwa

portocală

tikiti

pepene

lemon

lămâie

karoti

morcov

kitunguu saumu

usturoi

mianzi

bambus

kitunguu

ceapă

uyoga

ciupercă

karanga

nuci

nudo

paste făinoase

spageti

spagheti

mpunga

orez

saladi

salată

vibanzi

cartofi prăjiți

viazi vya kukaanga

cartofi țărănești

piza

pizza

hambaga

hamburger

sandwichi

sandwich

kipande

șnițel

paja la mnyama

șuncă

salami

salam

soseji

cârnați

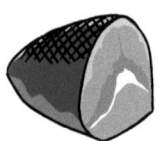

kuku

pui

choma

friptură

samaki

pește

oats ya uji

fulgi de ovăz

muesli

musli

cornflakes

cereale

unga

făină

kroisanti

corn

andazi

chifle

mkate

pâine

mkate wa kubanika

pâine prăjită

biskuti

biscuiţi

siagi

unt

maziwa mgando

brânză de vaci

keki

prăjitură

yai

ou

yai kukaanga

ouă ochiuri

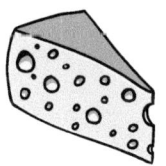

jibini

brânză

aiskrimu

înghețată

sukari

zahăr

asali

miere

jemu

marmeladă

kuenea kwa chokoleti

cremă nuga

mchuzi wa viungo

curry

shamba

gospodărie țărănească

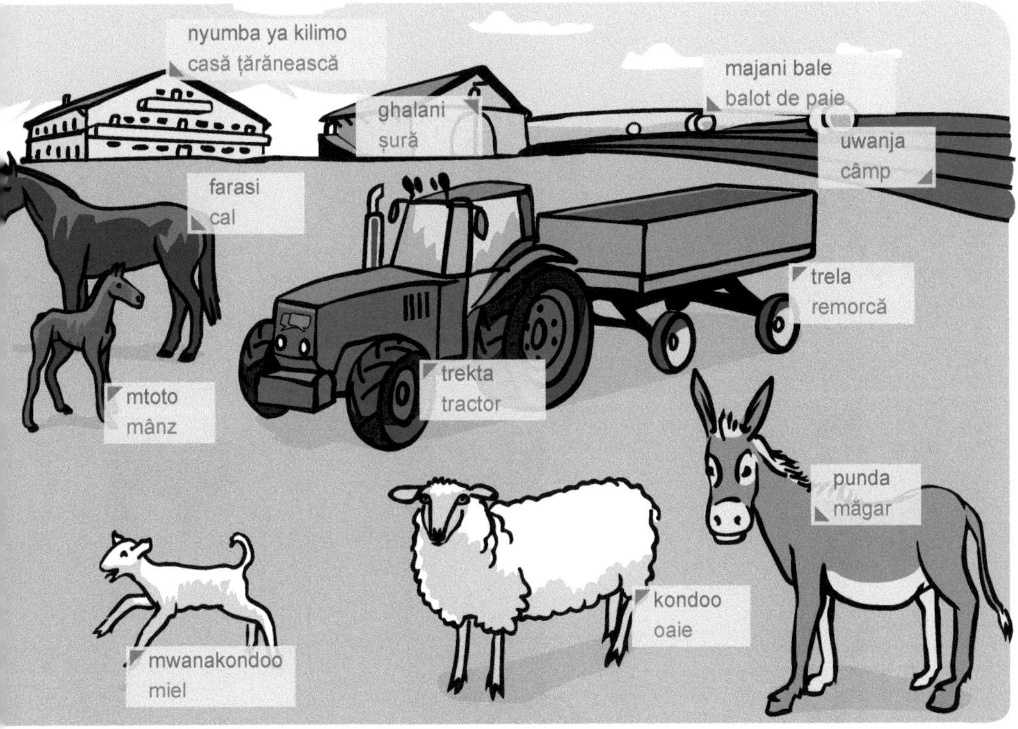

nyumba ya kilimo
casă țărănească
majani bale
balot de paie
ghalani
șură
uwanja
câmp
farasi
cal
trela
remorcă
trekta
tractor
mtoto
mânz
punda
măgar
kondoo
oaie
mwanakondoo
miel

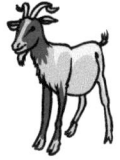

mbuzi

capră

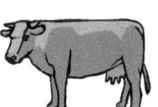

ng'ombe

vacă

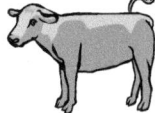

ndama

vițel

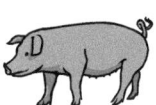

nguruwe

porc

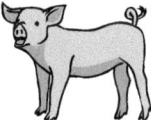

mwananguruwe

purcel

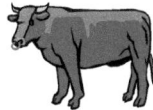

fahali

taur

batabukini

găină

bata

rață

kifaranga

pui

kuku

găină

jogoo

cocoș

panya

șobolan

paka

pisică

panya

șoarece

ng'ombe

bou

mbwa

câine

nyumba ya mbwa

cușcă

bomba la bustani

furtun de grădină

debe la kumwagilia maji

stropitoare

fyekeo

coasă

kulima

plug

mundu

secără

jembe

sapă

uma wa nyasi

furcă

shoka

secure

toroli

roabă

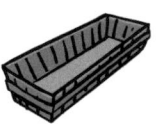

kupitia nyimbo

troacă

chombo cha maziwa

cană pentru lapte

gunia

sac

ua

gard

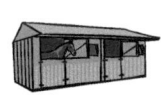

imara

grajd

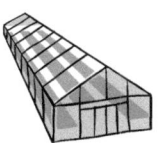

chafu

seră

udongo

sol

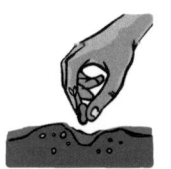

mbegu

sămânță

mbolea

fertilizator

kivunaji

combină de treierat

mavuno

a culege

mavuno

recoltă

viazi vikuu

cartof yam

ngano

grâu

soya

soia

viazi

cartof

mahindi

porumb

rapa

rapiță

mti wa matunda

pom fructifer

muhogo

manioc

nafaka

cereale

nyumba
casă

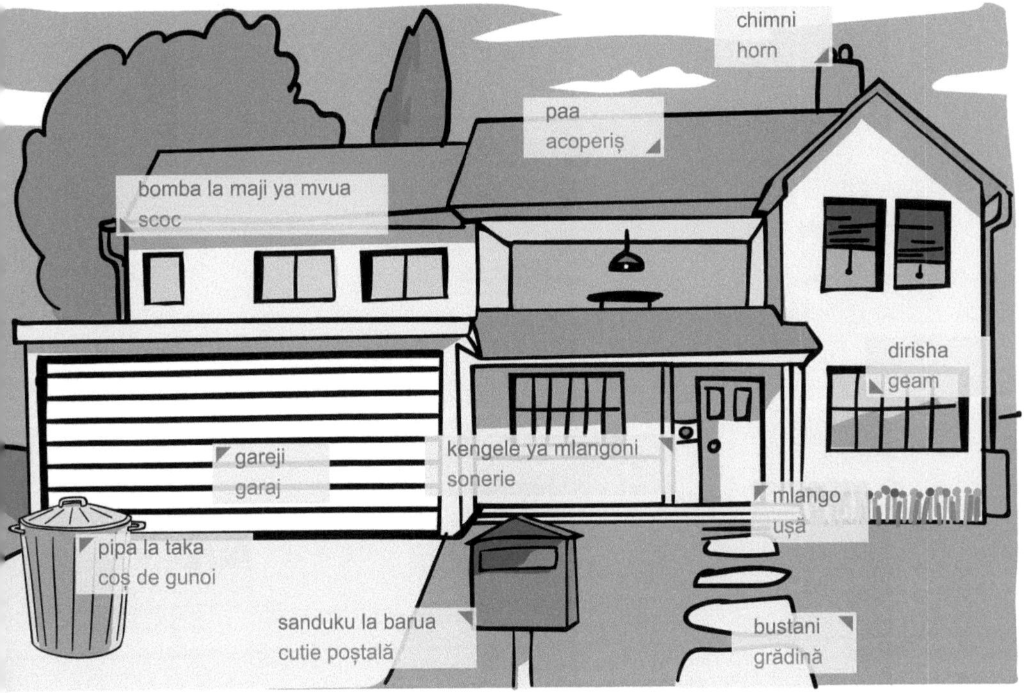
chimni
horn
paa
acoperiș
bomba la maji ya mvua
scoc
dirisha
geam
gareji
garaj
kengele ya mlangoni
sonerie
mlango
ușă
pipa la taka
coș de gunoi
sanduku la barua
cutie poștală
bustani
grădină

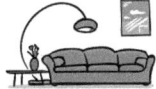

sebuleni

cameră de zi

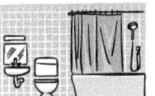

bafu

baie

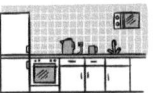

jikoni

bucătărie

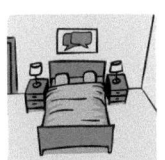

chumba cha kulala

dormitor

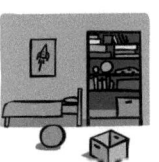

chumba ya mtoto

camera copiilor

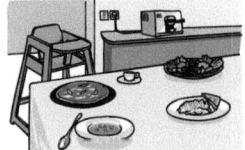

chumba cha kulia

sufragerie

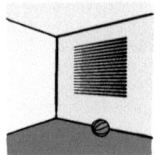

sakafu

podea

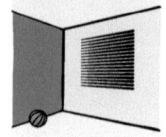

ukuta

perete

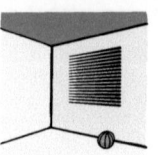

dari

tavan

pishi

pivniță

sauna

saună

roshani

balcon

mtaro

terasă

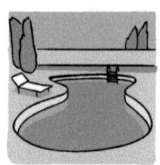

kidimbwi

piscină

mashine ya kukata nyasi

mașină de tuns iarba

karatasi

cearșaf

kitambaa cha kupamba
kitanda

cuvertură

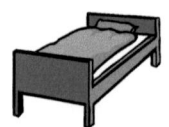

kitanda

pat

ufagio

mătură

ndoo

găleată

kubadili

întrerupător

sebuleni
cameră de zi

mandhari
tapet
picha
pictură
taa
lampă
rafu
raft
kabati
dulap
televisheni/runinga
televizor
mekoni
șemineu
ua
floare
mto
pernă
sofa
sofa
chombo cha maua
vază
kitenzambali
telecomandă

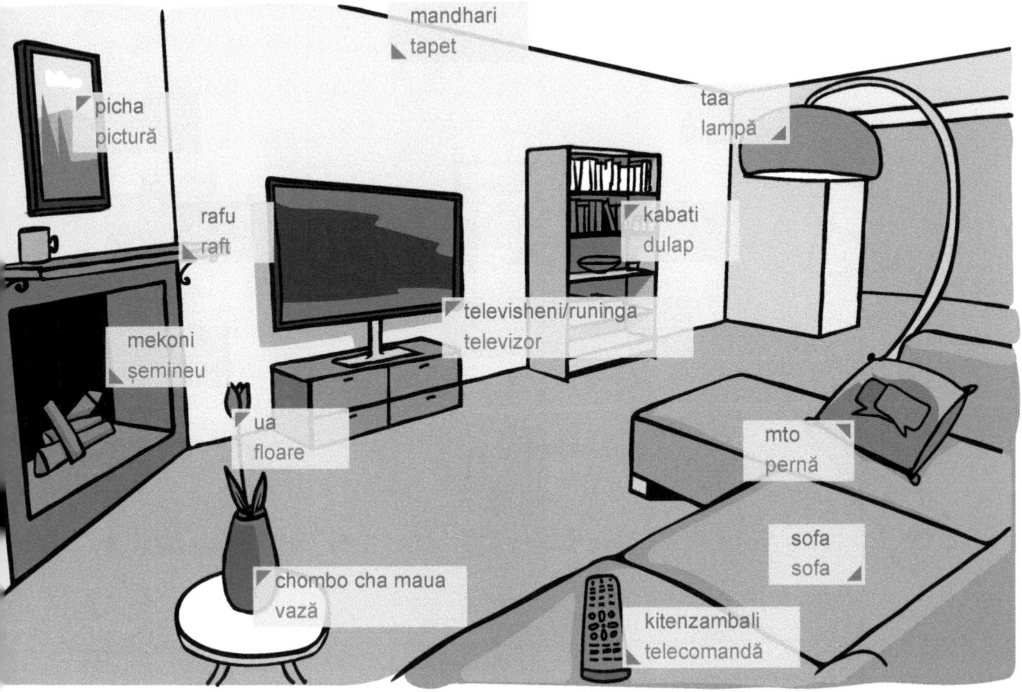

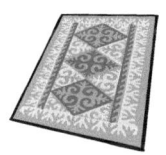

zulia

covor

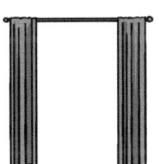

pazia

perdea

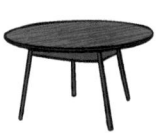

meza

masă

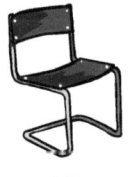

kiti

scaun

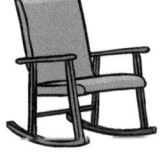

kiti cha bembea

balansoar

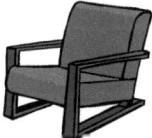

armchair

fotoliu

kitabu

carte

blanketi

pătură

mapambo

decoraţiune

kuni

lemn de foc

filamu

film

kifaa cha hi-fi

instalaţie stereo

ufunguo

cheie

gazeti

ziar

uchoraji

desen

bango

poster

redio

radio

daftari

caiet de notiţe

kifyonza

aspirator

dungusi kakati

cactus

mshumaa

lumânare

jikoni
bucătărie

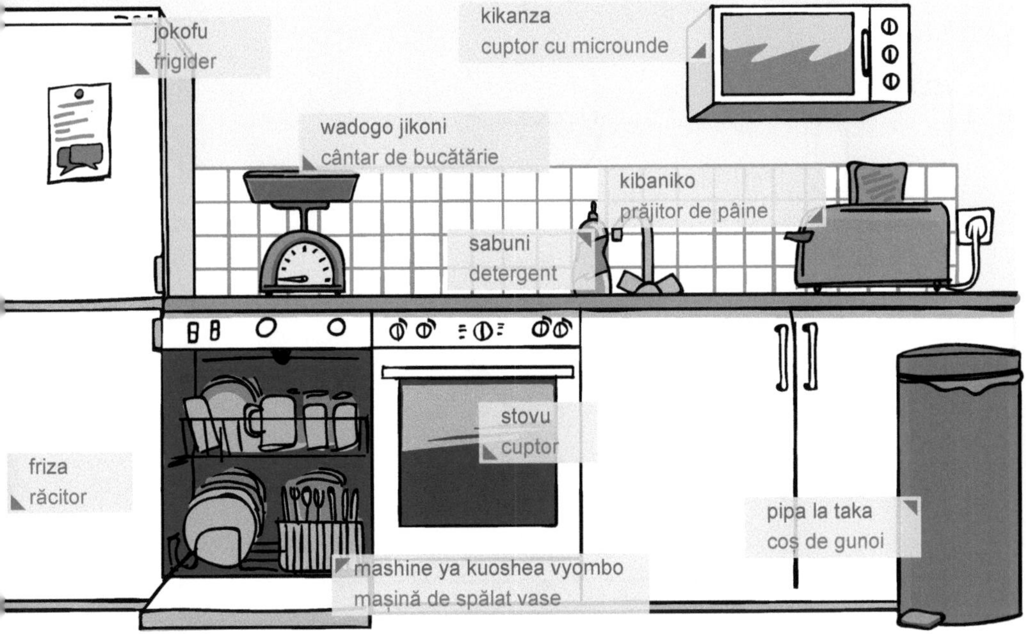
jokofu
frigider
kikanza
cuptor cu microunde
wadogo jikoni
cântar de bucătărie
kibaniko
prăjitor de pâine
sabuni
detergent
stovu
cuptor
friza
răcitor
pipa la taka
coș de gunoi
mashine ya kuoshea vyombo
mașină de spălat vase

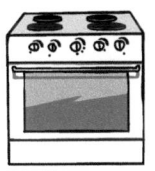

jiko la kupika

cuptor

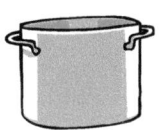

chungu

oală

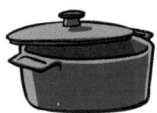

sufuria ya chuma

oală de metal

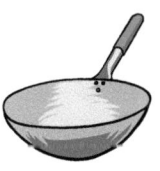

wok / kadai

wok/kadai

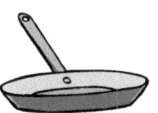

kaango

tigaie

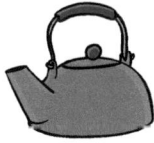

birika

ceainic

stima

oală de gătit cu aburi

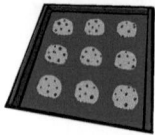

sinia ya kuoka

tavă de copt

vyombo vya udongo

veselă

kombe

pahar

bakuli

bol

vijiti vya kulia

bețișoare

ukawa

polonic

mwiko mpana

spatulă

burashi

tel

kichujio

sită

chujio

sită

mbuzi

răzătoare

chokaa

mojar

barbeque

grătar

moto wazi

loc pentru grătar

ubao wa majaribio

tocător

kijiti cha kusukuma unga

sucitor

kizibuo

tirbușon

kopo

conservă

inaweza kopo

deschizător de conserve

kishikio cha chungu

șervete termice

karo

chiuvetă

brashi

perie

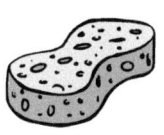

sifongo

burete

kisagaji matunda

mixer

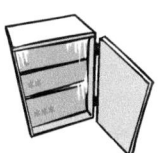

friji ya kina

ladă frigorifică

chupa ya mtoto

biberon

bomba

robinet

joto
încălzire

mfereji wa kuogea
duș

taulo
prosop

pazia la kuogea
perdea de duș

maji ya kuoga yenye povu
baie cu spumă

hodhi
cadă

glasi
pahar

mashine ya kuosha
mașină de spălat

bomba
robinet

vigae
gresie

poti
oală de noapte

karo
chiuvetă

choo

toaletă

choo cha squat

toaletă turcească

beseni la mviringo

bideu

choo cha umma

pisoir

shashi

hârtie igienică

brashi ya choo

perie de toaletă

mswaki

periuță de dinți

dawa ya meno

pastă de dinți

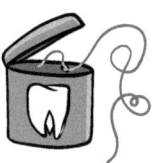

dawa ya meno

ață dentară

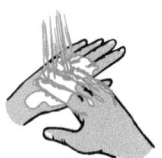

safisha

a spăla

kuoga mkono

cap de duș

msukumo wa maji

duș intim

bonde

lavoar

mpako wa pili

perie pentru spate

sabuni

săpun

jeli ya kuogea

gel de duș

shampuu

șampon

flana

cârpă de spălat

toa maji

scurgere

krimu

cremă

kiondoa harufu

deodorant

kioo

oglindă

kioo mkono

oglindă cosmetică

kinyozi

aparat de ras

povu la kunyoa

spumă de ras

baada ya kunyoa

aftershave

kichana

pieptene

brashi

perie

kikausha nywele

uscător de păr

marashi ya nyewele

fixator

vipodozi

machiaj

kidomwa

ruj

varnish ya msumari

lac de unghii

pamba

vată

mkasi wa kucha

foarfece de unghii

manukato

parfum

mkoba wa kuosha

neseser

kinyesi

taburet

mizani

cântar

nguo ya kuoga

halat de baie

glavu za mpira

mănuși de cauciuc

kisodo

tampon

sodo

tampon

kemikali choo

toaletă chimică

chumba ya mtoto
camera copiilor

saa ya kengele
ceas deșteptător
kidoli cha kupakata
jucărie de pluș
gari bandia
mașină de jucărie
kelele
morișcă
chumba cha midoli
casă de păpuși
sasa
cadou

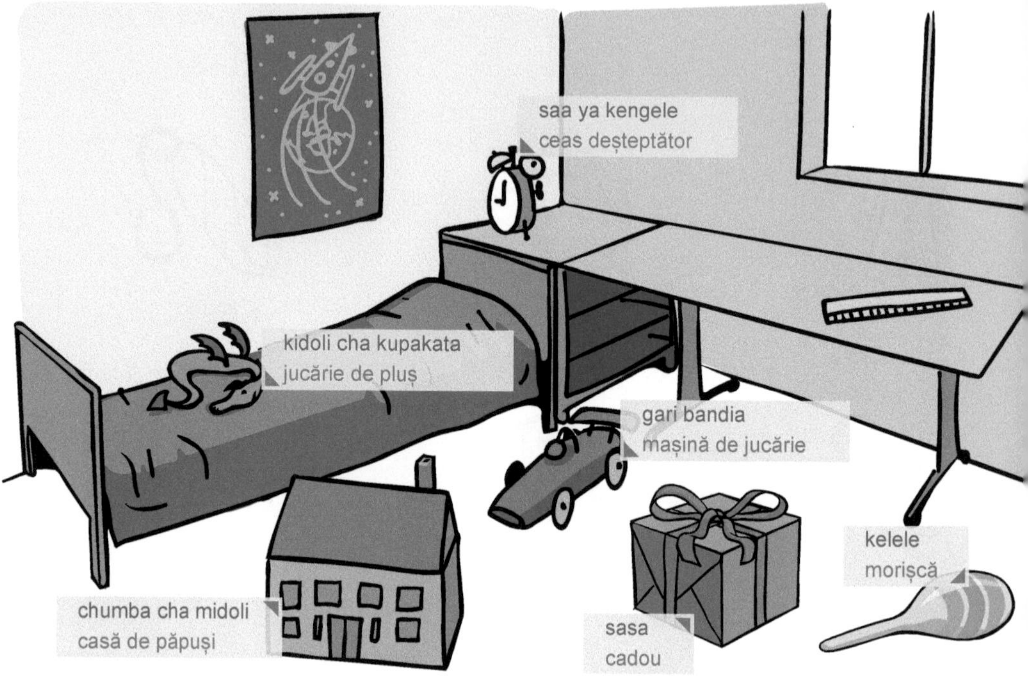

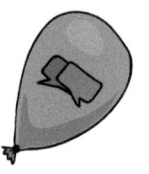

baluni

balon

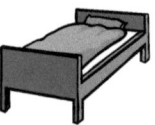

kitanda

pat

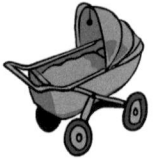

mashua

cărucior de copii

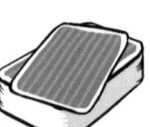

staha ya kadi

joc de cărți

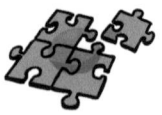

mchezo-fumb

puzzle

SUPER MEGA

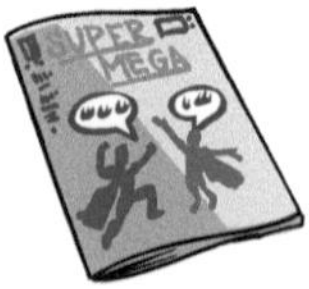

vichekesho

revistă de benzi desenate

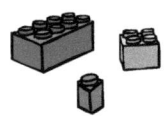

matofali lego

cuburi lego

vitalu mwigo

piese pentru construcții

hatua takwimu

personaj din filmele de acțiune

suti ya kulalia

body

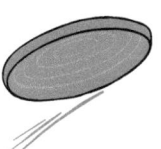

kisahani

frisbee

simu

mobil

ubao wa michezo

joc de societate

kete

zar

garimoshi mwigo

set trenuleț de jucărie

dummy

suzetă

chama

petrecere

picha kitabu

carte cu poze

mpira

minge

kikaragosi

păpușă

kucheza

a se juca

shimo la mchanga

groapă de nisip

bembea

leagăn

vitu bandia

jucării

kiweko cha video ya mchezo

consolă video

baiskeli ya magurudumu

tricicletă

matatu

mwanasesere

ursuleţ

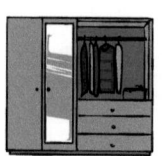

kabati

dulap

nguo

îmbrăcăminte

soksi

şosete

stokingi

ciorapi

kibano

dres

skafu
șal

mwavuli
umbrelă

fulana
tricou

ukanda
curea

ndara
papuci

viatu
cizme

wakufunzi
pantofi sport

malapa
sandale

viatu
încălțăminte

mabuti ya mpira
cizme de cauciuc

suruali ya ndani
chilot

sidiria
sutien

fulana
maiou

mwili

body

suruali

pantaloni

dangirizi

blugi

sketi

fustă

blauzi

bluză

shati

cămașă

vuta

pulover

sweta

jerseu

bleza

sacou

jaketi

jachetă

koti

palton

koti la mvua

pelerină de ploaie

maleba

costum

gauni

rochie

mavazi ya harusi

rochie de mireasă

suti

costum

vazi la usiku

cămașă de noapte

pajama

pijama

sari

sari

skafu

batic

kilemba

turban

burka

burka

kaftan

caftan

abaya

abaya

vazi la kuogelea

costum de baie

vazi la kiume la kuogelea

șort

kaptura

pantaloni scurți

teitei

trening

aproni

șorț

glavu

mănuși

kifungo

nasture

glasi

ochelari

bangili

brățară

mkufu

lanț

pete

inel

herini

cercel

kofia

căciulă

kiango cha koti

umeraș

kofia

pălărie

tai

cravată

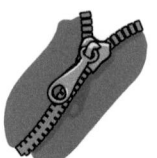

zipu

fermoar

kofia

cască

kanda za suruali

bretele

sare za shule

uniformă școlară

sare

uniformă

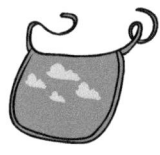

bibu

bavețică

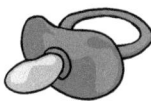

dummy

suzetă

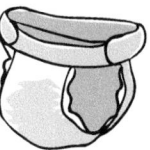

nepi

scutec

ofisi
birou

seva
server
kabati la kuweka faili
dulap de acte
kichapishaji
imprimantă
kiwambo
monitor
karatasi
hârtie
kipanya
mouse
dawati
masă de birou
folda
fișier
kibodi
tastatură
u cha kuweka karatasi chafu
e gunoi
kompyuta
computer
kiti
scaun

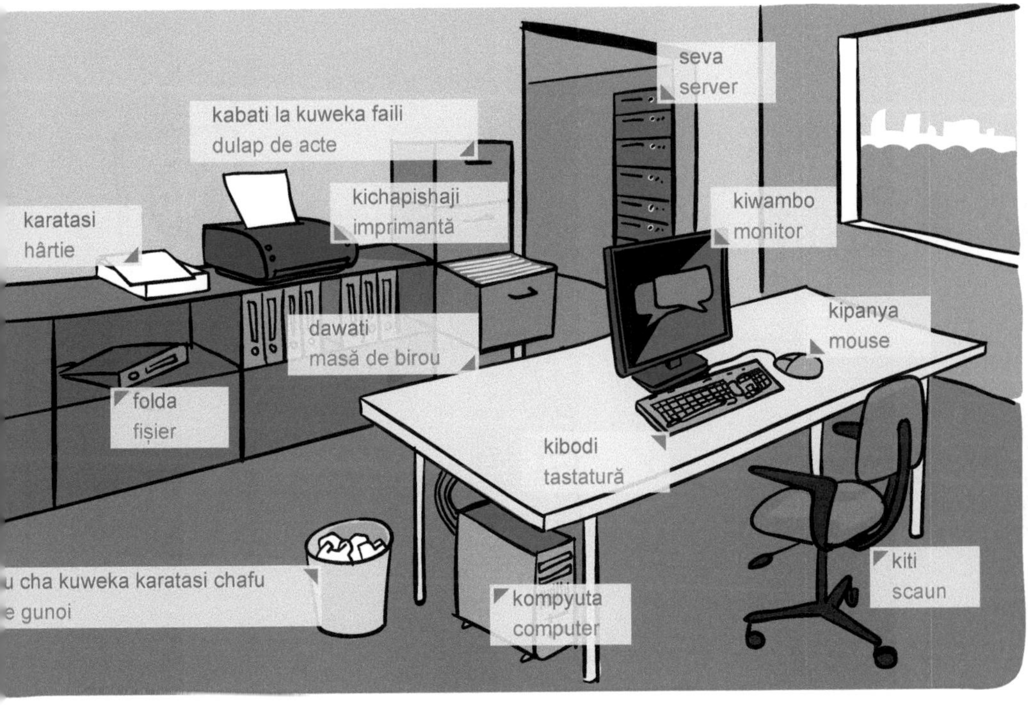

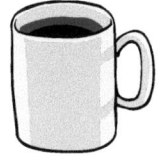

kmobe la kahawa

ceașcă de cafea

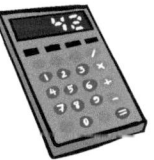

kikokotoo

calculator

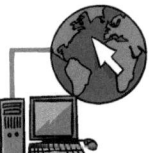

biashara

internet

mbali

laptop

barua

scrisoare

ujumbe

mesaj

rununu

telefon mobil

intaneti

rețea

fotokopia

copiator

programu

software

simu

telefon

soketi

priză

kipepesi

fax

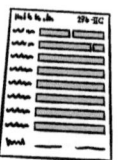

fomu

formular

hati

document

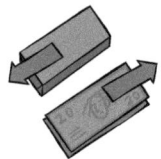

kununua

a cumpăra

kulipa

a plăti

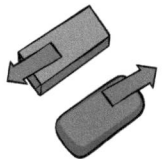

biashara

a face comerț

fedha

bani

dola

Dolar

yuro

Euro

yeni

Yen

rouble

Rublă

faranga ya Uswisi

Franc Elvețian

renminbi yuan

renminbi yuan

rupia

Rupie

eneo la kulipia

bancomat

ofisi ya ubadilishanaji

casă de schimb valutar

dhahabu

aur

fedha

argint

mafuta

petrol

nishati

energie

bei

preț

mkataba

contract

kodi

impozit

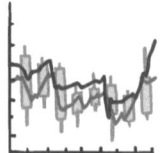

bidhaa

acțiune

kazi

a munci

mfanyakazi

angajat

mwajiri

angajator

kiwanda

fabrică

duka

magazin

kazi
ocupații

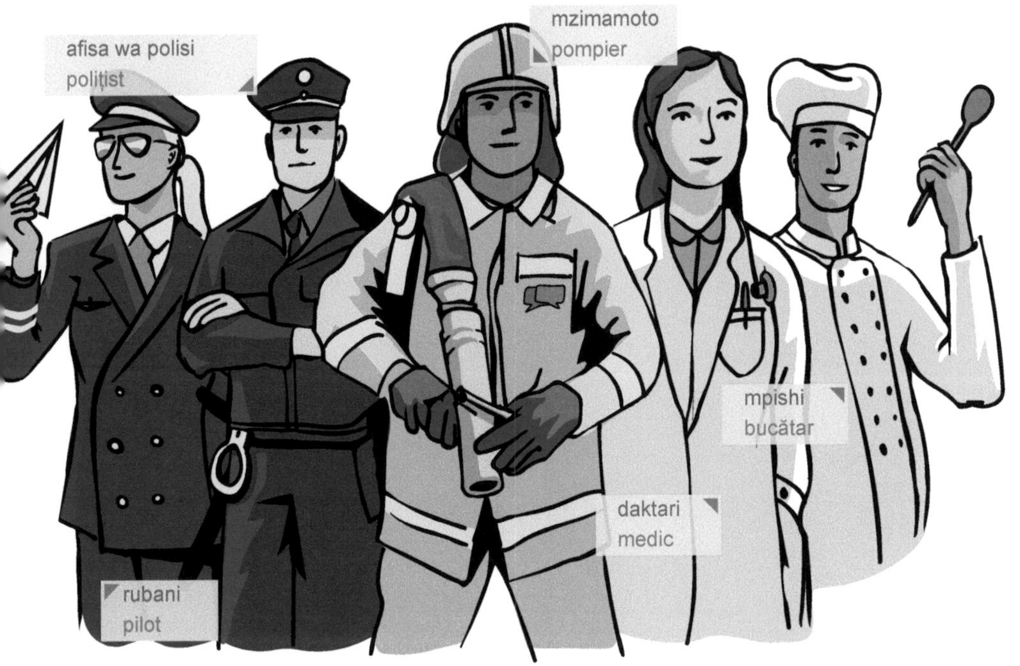
afisa wa polisi
polițist
mzimamoto
pompier
mpishi
bucătar
daktari
medic
rubani
pilot

mtunza bustani

grădinar

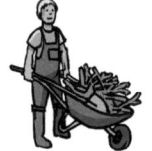

seremala

tâmplar

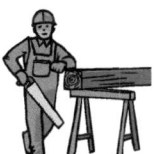

mshonaji

cusătoreasă

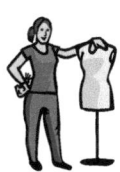

hakimu

judecător

mwanakemia

chimist

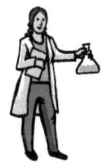

muigizaji

actor

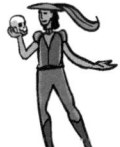

dereva wa basi

șofer de autobuz

dereva wa teksi

șofer de taxi

mvuvi

pescar

mwanamke wa kusafisha

femeie de serviciu

mwezekaji

tinichigiu

mhudumu

chelnăr

mwindaji

vânător

mchoraji

pictor

mwokaji

brutar

umeme

electrician

mjenzi

muncitor în construcții

mhandisi

inginer

mchinjaji

măcelar

fundi bomba

instalator

mwanaposta

poștaș

mwanajeshi

soldat

msanifu majengo

arhitect

keshia

casier

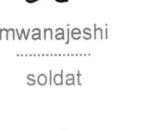

muuza maua

florar

msusi

frizer

kondakta

controlor

mekanika

mecanic

nahodha

căpitan

daktari wa meno

stomatolog

mwanasayansi

om de știință

rabbi

rabin

imamu

imam

mtawa

călugăr

kasisi

preot

zana
instrumente

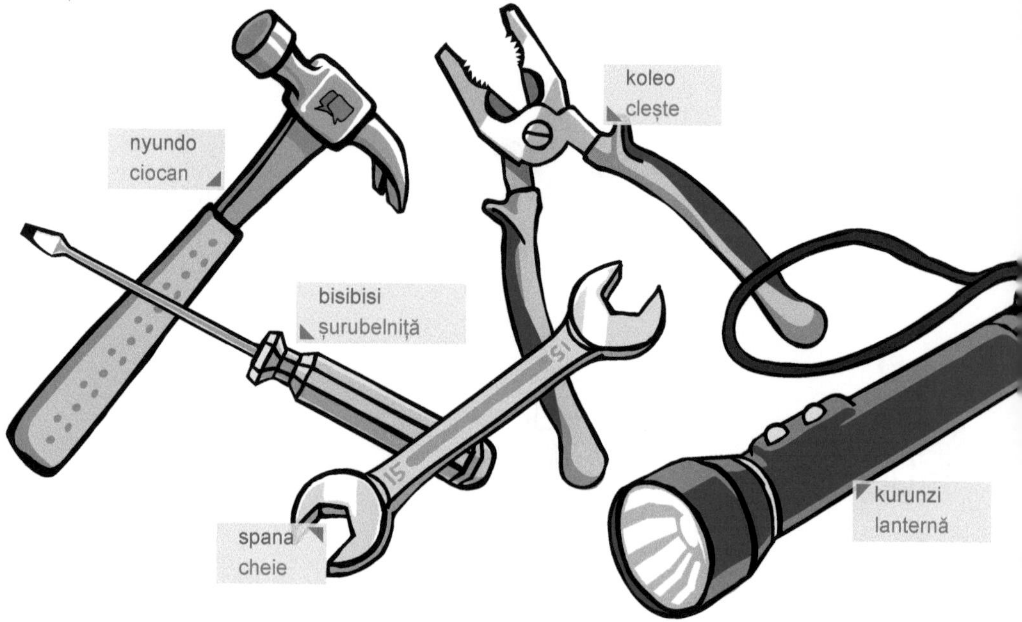

nyundo
ciocan
koleo
cleşte
bisibisi
şurubelniţă
spana
cheie
kurunzi
lanternă

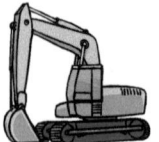

mchimbaji

excavator

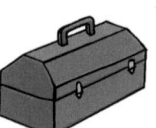

sanduku la vifaa

cutie de scule

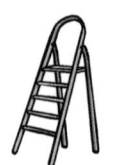

ngazi

scară

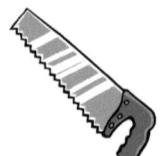

msumeno

ferăstrău

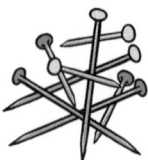

misumari

cuie

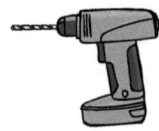

kuchimba visima

burghiu

kukarabati

a repara

sepetu

lopată

Lo!

La naiba!

kishikio cha uchafu

făraș

chungu cha rangi

vas pentru vopsea

skurubu

șuruburi

ala za muziki

instrumente muzicale

spika
difuzor

mpangilio wa ngoma
set tobe

besi mara mbili
contrabas

tarumbeta
trompetă

gita
chitară

piano
pian

fidla
vioară

ubeji
bas

timpani
trombon

ngoma
tobă

kibodi
keyboard

saksafoni
saxofon

filimbi
fluier

maikrofoni
microfon

bustani ya wanyama
grădină zoologică

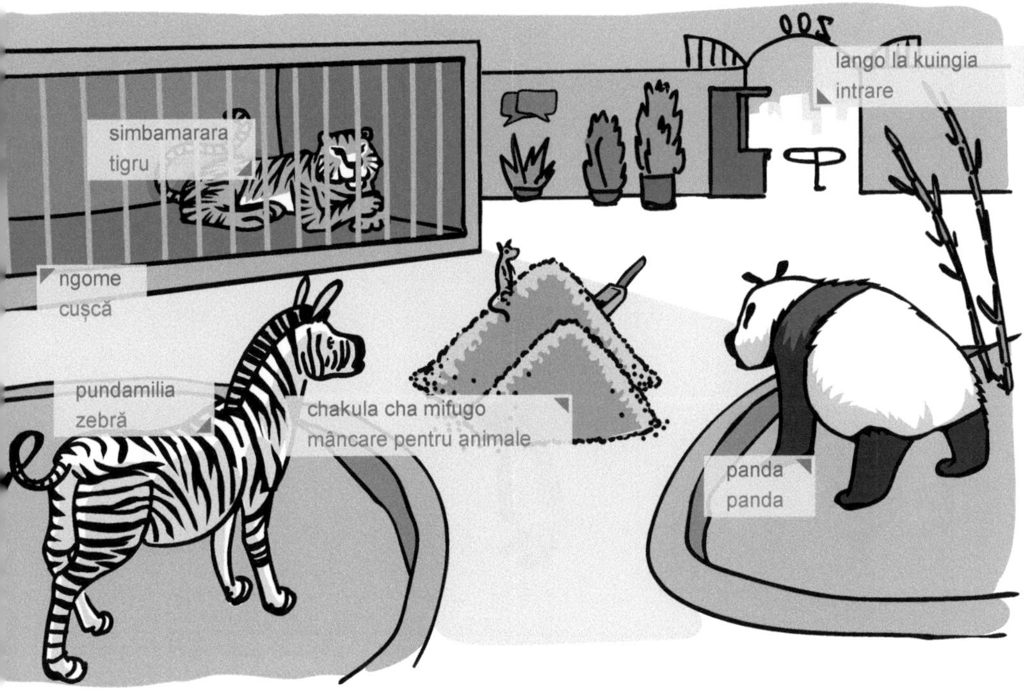

lango la kuingia
intrare
simbamarara
tigru
ngome
cușcă
pundamilia
zebră
chakula cha mifugo
mâncare pentru animale
panda
panda

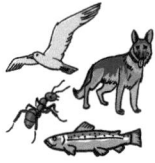

wanyama
animale

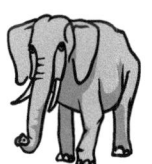

tembo
elefant

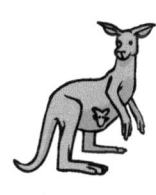

kangaruu
cangur

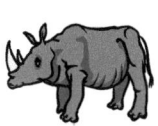

kifaru
rinocer

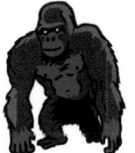

sokwe
gorilă

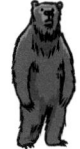

dubu
urs

ngamia

cămilă

mbuni

struţ

simba

leu

tumbili

maimuţă

heroe

flamingo

kasuku

papagal

dubu

urs polar

penguini

pinguin

papa

rechin

tausi

păun

nyoka

şarpe

mamba

crocodil

mtunza wanyama

îngrijitor grădina zoologică

muhuri

focă

jaguar

jaguar

mwanafarasi

ponei

chui

leopard

kiboko

hipopotam

twiga

girafă

tai

acvilă

nguruwe mwitu

porc mistreţ

samaki

peşte

kobe

broască ţestoasă

sili

morsă

mbweha

vulpe

paa

gazelă

soka ya marekani
fotbal american

uendeshaji baiskeli
ciclism

tenisi
tenis

mpira wa kikapu
basketball

kuogelea
înot

ndondi
box

magongo ya barafuni
hockey pe gheață

soka
fotbal

vinyoya
badminton

riadha
atletism

mpira wa mikono
handbal

skii
schi

polo
polo

shughuli
activități

cheka
a râde
kuruka
a sări
kumbatia
a îmbrățișa
kutembea
a merge
kuimba
a cânta
ota ndoto
a visa
kuomba
a se ruga
busu
a săruta

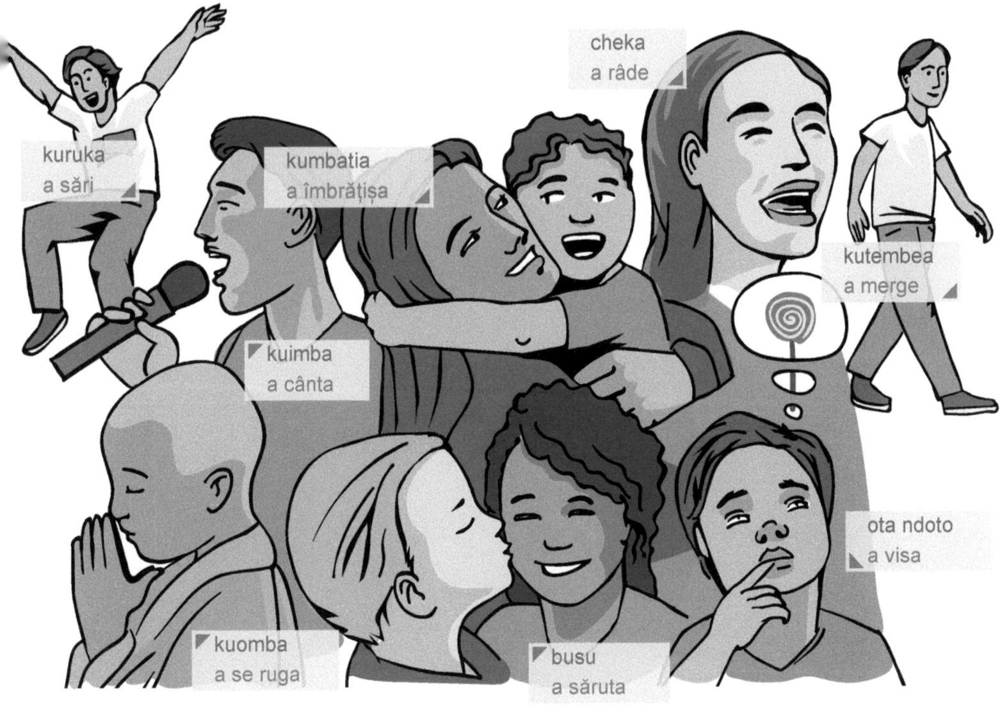

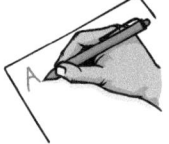

kuandika
a scrie

kuteka
a desena

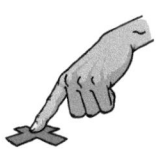

angalia
a arăta

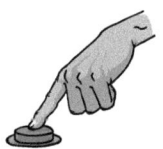

sukuma
a împinge

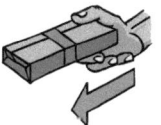

kutoa
a da

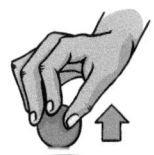

kuchukua
a lua

kuwa

a avea

fanya

a face

kuwa

a fi

kusimama

a sta în picioare

kukimbia

a fugi

vuta

a trage

kutupa

a arunca

kuanguka

a cădea

hadaa

a sta întins

kusubiri

a aștepta

kubeba

a purta

kukaa

a ședea

vaa nguo

a se îmbrăca

usingizi

a dormi

kuamka

a se trezi

kuangalia

a privi

lia

a plânge

kiharusi

a mângâia

chana nywele

a se pieptăna

ongea

a vorbi

kuelewa

a înțelege

kuuliza

a întreba

kusikiliza

a asculta

kunywa

a bea

kula

a mânca

nadhifisha

a face ordine

upendo

a iubi

mpishi

a găti

gari

a conduce

kuruka

a zbura

shughuli - activități

meli

a naviga

kokotoa

a calcula

kusoma

a citi

kujifunza

a învăța

kazi

a munci

kuoa

a se căsători

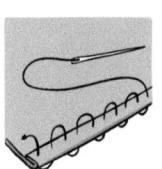

kushona

a coase

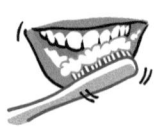

piga mswaki

a se spăla pe dinți

kuua

a ucide

moshi

a fuma

kutuma

a trimite

shughuli - activități

bibi
bunică

babu
bunic

baba
tată

mama
mamă

mtoto
bebeluș

binti
soră

bin
fiu

mgeni

oaspete

shangazi

mătușă

mjomba

unchi

kaka

frate

dada

soră

mwili

corp

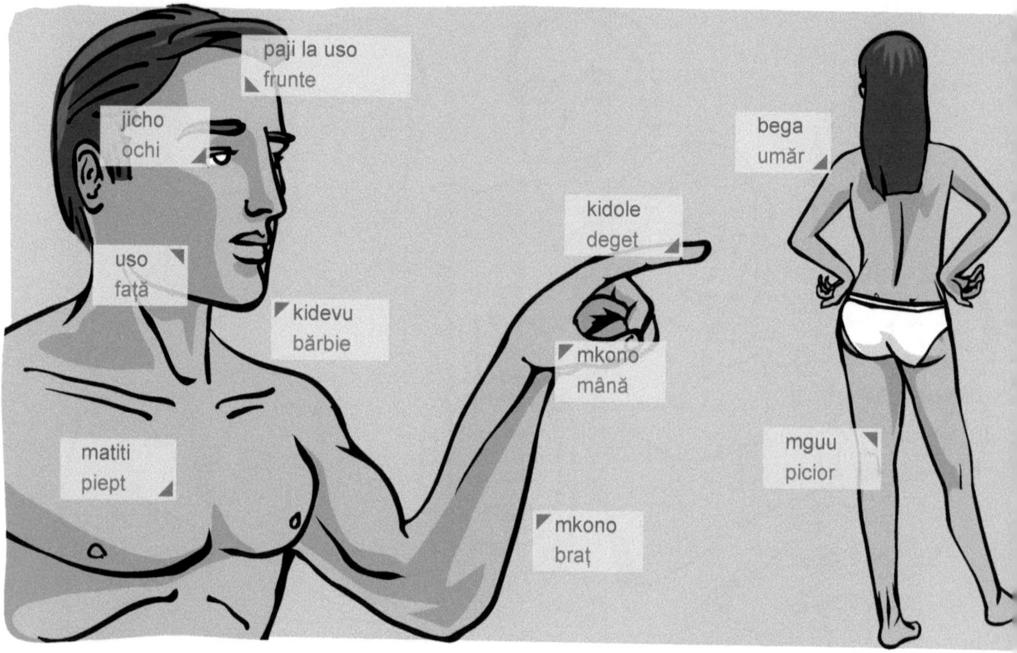

paji la uso
frunte
jicho
ochi
bega
umăr
kidole
deget
uso
față
kidevu
bărbie
mkono
mână
matiti
piept
mguu
picior
mkono
braț

mtoto

bebeluș

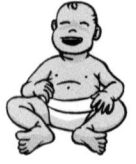

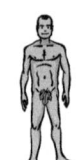

mwanamume

bărbat

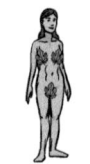

mwanamke

femeie

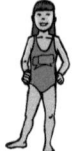

msichana

fată

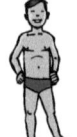

mvulana

băiat

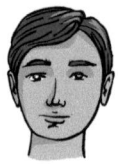

kichwa

cap

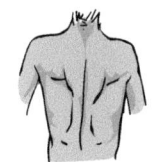

nyuma
spate

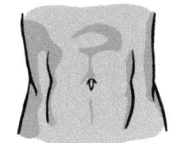

tumbo
abdomen

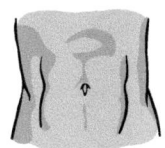

kitovu
ombilic

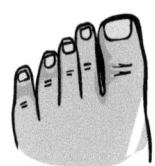

chano
deget de la picior

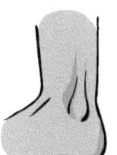

kisigino
călcâi

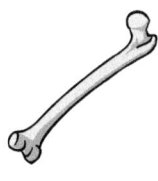

mfupa
os

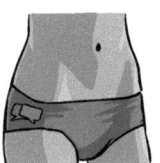

nyonga
șold

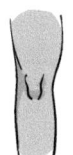

goti
genunchi

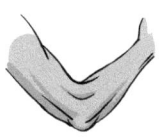

kiwiko
cot

pua
nas

chini
fund

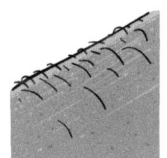

ngozi
piele

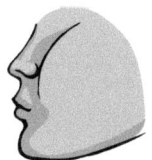

shavu
obraz

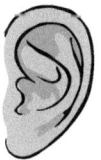

ɜikio
ureche

mdomo
buză

kinywa

gură

jino

dinte

ulimi

limbă

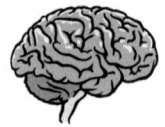

ubongo

creier

moyo

inimă

misuli

mușchi

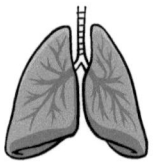

pafu

plămân

ini

ficat

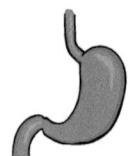

tumbo

stomac

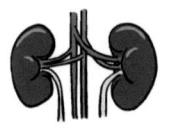

figo

rinichi

jinsia

sex

kondomu

prezervativ

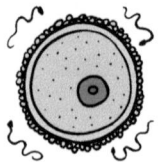

ovari

ovul

shahawa

spermă

mimba

sarcină

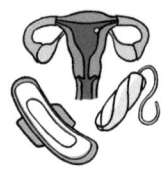

hedhi

menstruație

uke

vagin

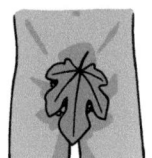

uume

penis

unyusi

sprânceană

nywele

păr

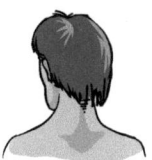

shingo

gât

hospitali
spital

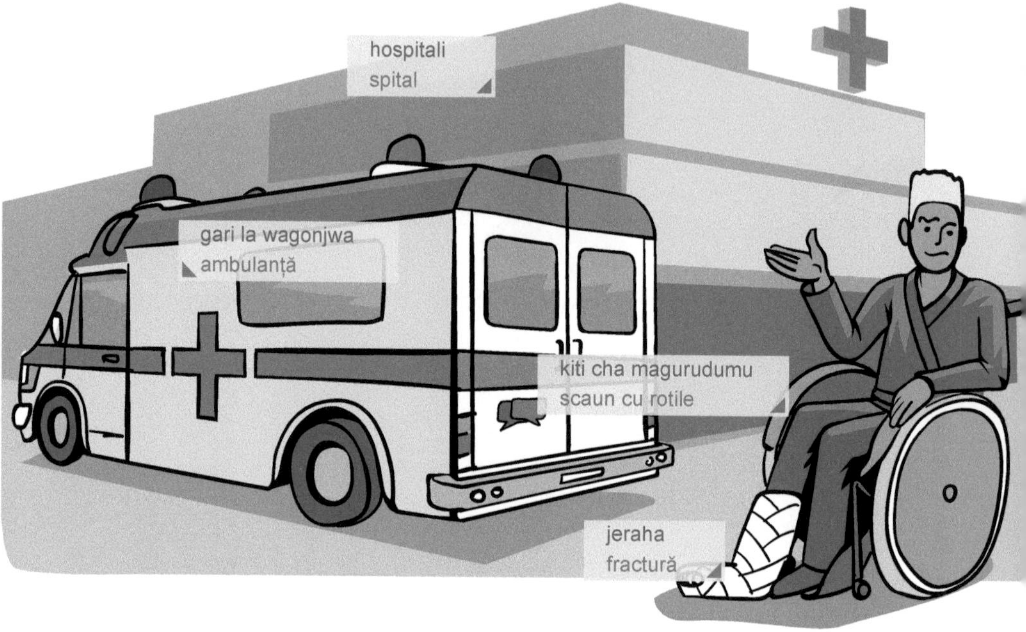

hospitali
spital
gari la wagonjwa
ambulanță
kiti cha magurudumu
scaun cu rotile
jeraha
fractură

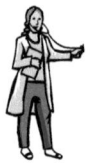

daktari

medic

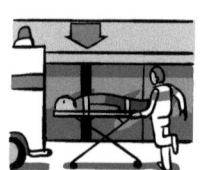

chumba cha dharura

unitate de primiri urgențe

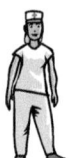

muuguzi

soră medicală

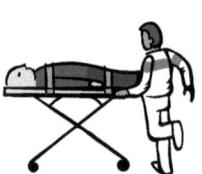

dharura

urgență

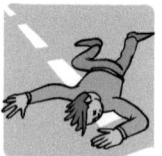

kupoteza fahamu

inconștient

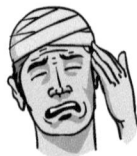

maumivu

durere

kuumia

leziune

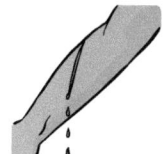

kutokwa na damu

sângerare

mshtuko wa moyo

infarct miocardic

kiharusi

atac cerebral

mzio

alergie

kikohozi

tuse

homa

febră

mafua

gripă

kuharisha

diaree

maumivu ya kichwa

durere de cap

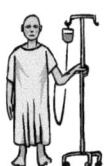

kansa

cancer

ugonjwa wa kisukari

diabet

daktari mpasuaji

chirurg

kisu kidogo cha kupasulia

scalpel

operesheni

operaţie

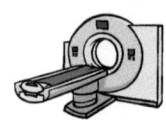

picha changanufu ya mwili
CT

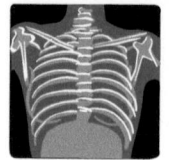

Eksrei
raze Röntgen

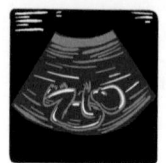

mawimbi sauti
ultrasunet

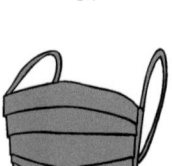

barakoa ya uso
mască

ugonjwa
boală

chumba cha kusubiri
sală de așteptare

mkongojo
cârjă

plasta
plasture

bendeji
bandaj

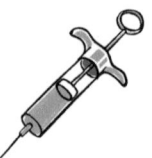

sindano
injecție

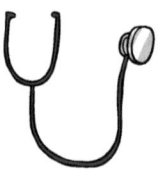

stetoskopu
stetoscop

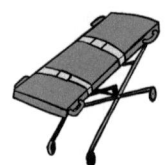

machela
targă

kipimajoto cha kliniki
termometru

kuzaliwa
naștere

unene kupita kiasi
supraponderabilitate

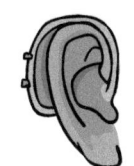

kusikia misaada

aparat auditiv

kipukusi

dezinfectant

maambukizi

infecție

virusi

virus

VVU / UKIMWI

HIV/SIDA

dawa

medicină

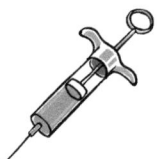

chanjo

vaccin

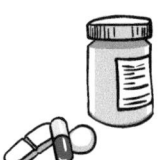

vidonge

tablete

kidonge

pastilă

simu ya dharura

apel de urgență

haemodainamometa

aparat de măsurare a
presiunii arteriale

mgonjwa / mwenye afya

bolnav/sănătos

Msaada!

Ajutor!

kengele

alarmă

pigo

agresiune

shambulizi

atac

hatari

pericol

lango la dharura

ieşire de urgenţă

Moto!

Foc!

kizima moto

extinctor

ajali

accident

vifaa vya huduma ya kwanza

trusă de prim-ajutor

wito wa msaada

SOS

polisi

poliţie

Ulaya

Europa

Amerika ya Kaskazini

America de Nord

Amerika ya Kusini

America de Sud

Afrika

Africa

Asia

Asia

Australia

Australia

Atlantiki

Altantic

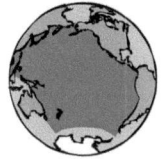

Pasifiki

Pacific

Bahari ya Hindi

Oceanul Indian

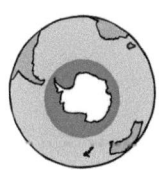

Bahari ya Antaktiki

Oceanul Antarctic

Bahari ya Aktiki

Oceanul Arctic

Ncha ya Kaskazini

Polul Nord

Ncha ya Kusini

Polul Sud

Antaktika

Antarctica

dunia

pământ

nchi

țară

bahari

mare

kisiwa

insulă

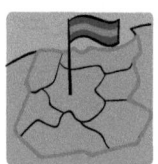

taifa

națiune

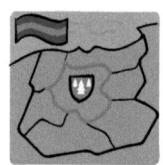

jimbo

stat

uso wa saa

cadran

akrabu ya saa

orar

akrabu ya dakika

minutar

akrabu ya sekunde

secundar

Ni saa ngapi?

Cât e ceasul?

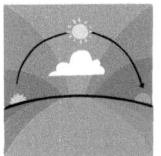

siku

zi

wakati

timp

sasa

acum

saa ya dijitali

cead digital

dakika

minut

saa

oră

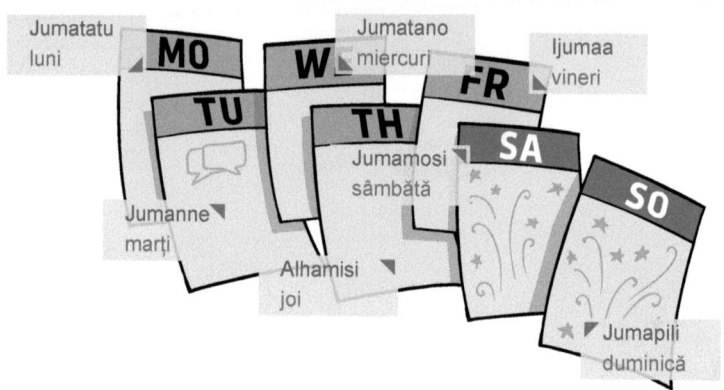

Jumatatu
luni

Jumatano
miercuri

Ijumaa
vineri

Jumanne
marţi

Jumamosi
sâmbătă

Alhamisi
joi

Jumapili
duminică

jana

ieri

leo

azi

kesho

mâine

asubuhi

dimineaţă

saa sita mchana

amiază

jioni

seară

MO	TU	WE	TH	FR	SA	SU
1	2	3	4	5	6	7
8	9	10	11	12	13	14
15	16	17	18	19	20	21
22	23	24	25	26	27	28
29	30	31	1	2	3	4

siku za biashara

zile lucrătoare

MO	TU	WE	TH	FR	SA	SU
1	2	3	4	5	6	7
8	9	10	11	12	13	14
15	16	17	18	19	20	21
22	23	24	25	26	27	28
29	30	31	1	2	3	4

mwishoni mwa wiki

week-end

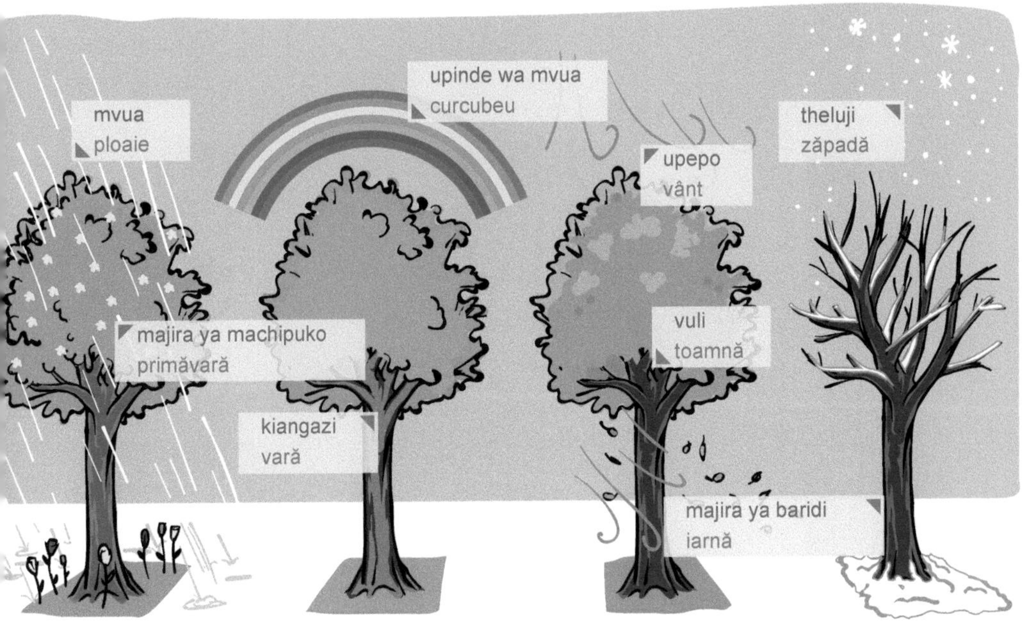

mvua
ploaie
upinde wa mvua
curcubeu
upepo
vânt
theluji
zăpadă
majira ya machipuko
primăvară
vuli
toamnă
kiangazi
vară
majira ya baridi
iarnă

4.APRIL 11°
5.APRIL 4°
6.APRIL 13°
7.APRIL 8°
8.APRIL 10°

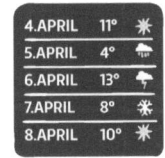

utabiri wa hali ya hewa

prognoză meteo

F
C
120
90
60
30
0
-30
40
30
20
10
0
-10
-20

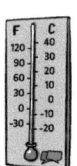

kipimajoto

termometru

mwanga wa jua

lumina soarelui

wingu

nor

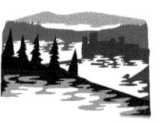

ukungu

ceață

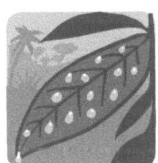

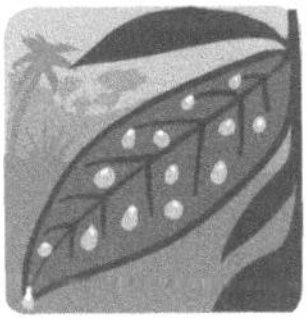

unyevu

umiditate a aerului

umeme

fulger

radi

tunet

dhoruba

furtună

mvua ya mawe

grindină

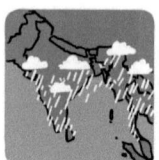

monsuni

muson

mafuriko

inundaţie

barafu

gheaţă

Januari

ianuarie

Februari

februarie

Machi

martie

Aprili

aprilie

Mei

mai

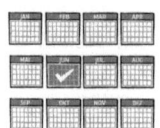

Juni

iunie

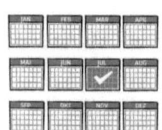

Julai

iulie

Agosti

august

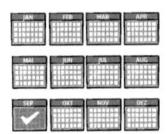

Septemba

septembrie

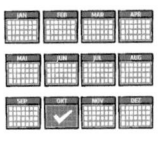

Oktoba

octombrie

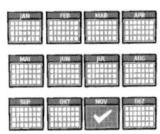

Novemba

noiembrie

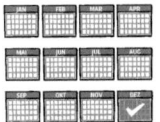

Desemba

decembrie

maumbo
forme

mduara

cerc

mraba

pătrat

mstatili

dreptunghi

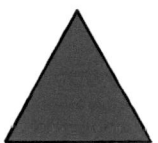

pembetatu

triunghi

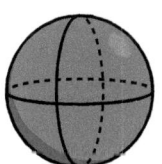

nyanja

sferă

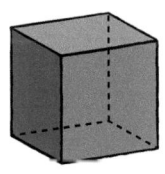

mchemraba

cub

nyeupe

alb

manjano

galben

chungwa

portocaliu

rangi ya waridi

roz

nyekundu

roşu

hudhurungi

violet

bluu

albastru

kijani

verde

hanja

maro

jivujivu

gri

nyeusi

negru

mengi / kidogo

mult/puţin

hasira / pole

furios/calm

nzuri / mbaya

frumos/urât

mwanzo / mwisho

început/sfârşit

kubwa / ndogo

mare/mic

angavu / giza

luminos/întunecat

kaka / dada

frate/soră

safi / chafu

curat/murdar

kamilika / tokamilika

complet/incomplet

siku / usiku

zi/noapte

wafu / hai

mort/viu

pana / nyembamba

lat/strâmt

kulika / kutolika

comestibil/necomestibil

ovu / ema

rău/prietenos

sisimkwa / udhika

emoționat/plictisit

nene / nyembamba

gras/slab

kwanza / mwisho

primul/ultimul

rafiki / adui

prieten/inamic

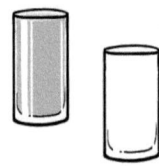

jaa / tupu

plin/gol

ngumu / laini

tare/moale

nzito / nyepesi

greu/ușor

njaa / kiu

foame/sete

mgonjwa / mwenye afya

bolnav/sănătos

haramu / kisheria

ilegal/legal

akili / kijinga

inteligent/stupid

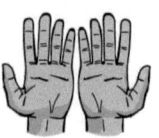

kushoto / kulia

stânga/dreapta

karibu / mbali

aproape/departe

kinyume - antonime

mpya / kutumika

nou/uzat

kitu / jambo

nimic/ceva

zee / changa

bătrân/tânăr

waka / zima

pornit/oprit

wazi / fungwa

deschis/închis

utulivu / kelele

încet/tare

tajiri / masikini

bogat/sărac

sahihi / kosa

corect/fals

mbaya / laini

aspru/neted

huzunika / furahia

trist/fericit

fupi /ndefu

lung/scurt

polepole / haraka

încet/repede

nyevu / kavu

ud/uscat

joto / baridi

cald/rece

vita / amani

război/pace

kinyume - antonime

0	**1**	**2**
sufuri	moja	mbili
zero	unu	doi

3	**4**	**5**
tatu	nne	tano
trei	patru	cinci

6	**7**	**8**
sita	saba	nane
șase	șapte	opt

9	**10**	**11**
tisa	kumi	kumi na moja
nouă	zece	unsprezece

12

kumi na mbili

douăsprezece

13

kumi na tatu

treisprezece

14

kumi na nne

paisprezece

15

kumi na tano

cincisprezece

16

kumi na sita

șaisprezece

17

kumi na saba

șaptesprezece

18

kumi na nane

optsprezece

19

kumi na tisa

nouăsprezece

20

ishirini

douăzeci

100

mia

o sută

1.000

elfu

o mie

1.000.000

milioni

un milion

nambari - cifre

Kiingereza

engleză

Kiingereza cha Marekani

engleză americană

Kimandarini cha Uchina

chineza mandarină

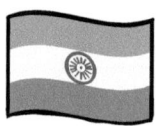

Kihindi

hindi

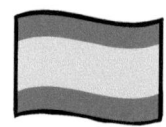

Kihispania

spaniolă

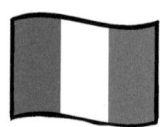

Kifaransa

franceză

Kiarabu

arabă

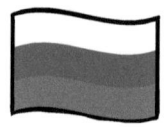

Kirusi

rusă

Kireno

protugheză

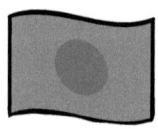

Kibengali

bengaleză

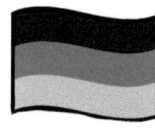

Kijerumani

germană

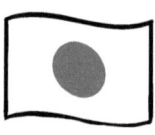

Kijapani

japoneză

mimi

eu

wewe

tu

yeye / yeye / ni

el/ea

sisi

noi

wewe

voi

wao

ea

nani?

cine?

nini?

ce?

jinsi gani?

cum?

wapi?

unde?

lini?

când?

jina

nume

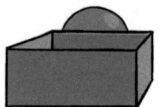

nyuma

în spate

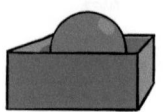

katika

în

mbele ya

înainte

juu ya

peste

kwenye

pe

chini ya

sub

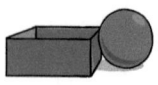

kando

lângă

kati

între

mahali

loc